Friederike Müller-Friemauth
Rainer Kühn

Moonshots

Zur Entwicklung radikaler Innovationen

www.tredition.de

© 2019 Friederike Müller-Friemauth, Rainer Kühn

Verlag & Druck: tredition GmbH, Hamburg

ISBN
Paperback: 978-3-7469-6584-0
Hardcover: 978-3-7469-6585-7
e-Book: 978-3-7469-6586-4

Bildnachweise:
Titel: istock | richvintage 474264047
Seite 17: Fotolia | sdecoret

Das kommt

Wer schreibt
Outline

Wer schreibt

Friederike Müller-Friemauth

 Professorin für Allgemeine Betriebswirt-
schaftslehre, Strategisches Marketing
und Innovationsmanagement an der
FOM Hochschule für Oekonomie und
Management, Köln. Mitgründerin von
„Kühn Denken auf Vorrat", einer rheinländischen Bera-
tungs- und Konzeptagentur für angewandte ökonomische Zukunftsforschung.

Wir versuchen mit denen, die sich trauen und neugierig
genug sind, die Grenzen etablierten ökonomischen
Denkens zu überschreiten; systematische und methodisch geleitete Wege in zukünftige realistisch-mögliche
Welten zu vermitteln. Und zwar mit Hilfe von Wissenschaft — was innerhalb des europäischen Wissen-
schaftskanons bis heute streng sanktioniert ist. Mehr
lässt sich über die Legitimität dieses Anspruchs; über
Effektivität, Nutzen, Sinnhaftigkeit und — womöglich —
Gebotenheit bislang nicht sagen. Vorerst gilt: Für etablierte Wissenschaft Sperrgebiet.

Und sonst: Klavier, Elvis, Prince, Bayer '04 Leverkusen.
Die Hoffnung stirbt zuletzt.

Rainer Kühn

 Gründer von „Kühn Denken auf Vorrat", promovierter Politologe, freier Publizist. System- und Wirtschaftstheoretiker (Luhmann, Monetär-Keynesianer), spezialisiert auf Zeitdiagnose und Markenentwicklung.

Wir vertreten die US-amerikanische Tradition der wissenschaftlichen Zukunftsforschung, übersetzen deren Denkungsart aber auf unsere westeuropäischen (normativ und soziokulturell andersartigen) Wirtschaftsverhältnisse. Daraus ergibt sich ein anderes Wirtschaftsleitbild, das seine Ziele und Orientierungen – in genuin europäisch-aufklärerischer Tradition – sowohl zeitlogisch als auch gesellschaftlich verortet. Dies sprengt keineswegs den Selbstbezug des ökonomischen Systems, sehr wohl aber disziplinäre Denkrahmen (und -bereitschaften). Wir haben dieses Leitbild Preconomics® getauft: Eine Ökonomie, die zentrale Legitimation aus ihrer Zukunftsfähigkeit bezieht.

Und sonst: Hobby-Kochen, Handball, Charly Brown, 1848 Vfl Bochum. Die Hoffnung stirbt zuletzt.

Outline

„Moonshots" is a term for radical innovations in economic organizations, referred to an „unbelievable disruption". They aim at hardly imaginable ideas or issues and are mainly used in American companies with futures research.

In the United States, thinking in terms of moonshots is absolutely common: They are convinced in „glory days" to come and believe in the „American Dream". And fire it continually. Moonshots are one way of living that dream.

Okay, conceded: For Europeans, such thinking is unusual and not logical. Although we do have a strong fictional and romantic tradition, in contrast to the US we think that we must strictly seperate visionary elements from economic theory (numbers, facts, data – mathematics driven). We believe: Business is about growth, profit, capital formation, but not at all with dreams. And founding a start up on a moonshot is: nothing but a very bad idea.

Forget about this believe for a moment and be inspired!

In this booklet, in four steps the innovation method to develop „corporate moonshots" is explained. The display can be used as a quick reference guide for companies that flirt with radical innovation concepts; and want to check, whether this approach is eligible for them – and if so, how they could explore some on their own.

Ziele nach dem Mond.
Selbst wenn du ihn verfehlst,
wirst du zwischen den Sternen landen.

Friedrich Nietzsche

1. Prüfen

„Was die Raupe als Ende der Welt bezeichnet, nennt der Rest der Welt Schmetterling". Dieser Gedanke von Laotse verbildlicht geradezu idealtypisch einen „Mondschuss": Eine Orientierung an einem Jenseits der gegenwärtig vorstellbaren Welt. Mit dieser Methode ist es Wirtschaftsorganisationen möglich, ihre aktuelle unternehmerische Welt zu sprengen und anzufangen, eine völlig neue zu entwerfen.

Die Methode, im Unternehmen eigene Corporate Moonshots zu entwickeln, ist allerdings voraussetzungsreich. Denn ein zentraler, dem Innovationsmanagement zugrunde liegender Glaubenssatz lautet, *Machbarkeit* sei für Unternehmen ein zentrales Kennzeichen für ökonomisch relevante Kreativität. Diese Grundannahme wird von uns bestritten – und hier außer Kraft gesetzt. Denn sie bringt Manager dazu, „praktikableren" (übersetzt: vernünftigen) Ideen gegenüber großartigen, die Gegenwart übersteigenden Einfällen den Vorzug zu geben. Es soll schließlich „etwas dabei herauskommen". Moonshots – anspruchsvolle Vorgriffe auf mögliche Disruptionen, also Langfrist-Ideen für durchschlagende, markt- und gesellschaftsverändernde Innovationen – stehen jedoch gerade nicht für Machbarkeit, sondern für Radikalität. Sie faszinieren, weil sie etwas zusammenbringen, das nicht ohne Weiteres zusammenkommt: Erstens die geistige Kernkompetenz einer Firma ('das, was wir hier am besten können'). Dies meint die sachlogische Ebene der Fähigkeit. Zweitens die bewusste Referenz auf ein Wir, das hinter der Entscheidung steht – also die soziallogische Ebene einer Gruppe von Menschen, die bewusst, gewollt, unter Abwägung von Alternativen sowie unter Berücksichtigung der (heute absehbaren) Handlungsfolgen die Entscheidung trägt. Und drittens strategische Entschlossenheit bzw. unternehmerischen Mut zu dauerhafter, fokussierter Orientierung: die zeitlogische Dimension des Langfristdenkens.

Um innovationsorientierten Unternehmen den Weg zu radikalen Neuerungen zu ebnen, zerlegt dieses Handbuch die Ermittlung von Corporate Moonshots in einzelne Schritte: Wie Sie es schaffen, vorerst schwer vorstellbare Groß-Ideen zu erzeugen, die über das Innovationsniveau von Einsparung, Optimierung und Beschleunigung hinausgehen. Deren Wichtigkeit bestreiten wir nicht. Aber: In derartigen Denkrahmen der etablierten Business School-Tradition ist es nicht möglich, über reine Weiterentwicklungen des Gegebenen hinauszukommen.

Don Quijote

"When life itself seems lunatic, who knows where madness lies? Perhaps to be too practical is madness. To surrender dreams — this may be madness. To seek treasure where there is only trash. Too much sanity may be madness — and maddest of all: to see life as it is, and not as it should be!"

Man of La Mancha[1]

Solches Denken soll den Rahmen dessen übersteigen, was wir als ‚normal' empfinden: etwas Außergewöhnliches antezipieren.[2] Vielleicht fehlen heute noch die Technologien, die es bräuchte; oder bestimmte Kenntnisse; oder andere Gesetze, die Ihnen Ihre Idee erst erlauben würden. Vielleicht fehlt auch einfach Geld. Diese potenziellen Hindernisse – die meisten würden sagen: „K.O.-Kriterien" und das Ganze nicht weiter verfolgen – spielen hier keine Rolle und werden bewusst ausgeblendet. Denken Sie an Googles Idee, den Krebs zu besiegen (mit Calico, einer BioTech-Tochter innerhalb der Alphabet-Holding): Ein Ziel, das weder etwas mit dem Kerngeschäft von Google zu tun hat (Internet-Suchmaschine), noch, aus heutiger Sicht, für die nächsten Jahrzehnte realistisch erscheint. Verfolgt wird es trotzdem.

Auch wäre vor 100 Jahren jemand, der öffentlich standhaft behauptet hätte, die Menschheit würde bald den Schritt ins All wagen („Man on the moon"), wohl zügig in

---

[1] Quelle: https://en.wikiquote.org/wiki/Man_of_La_Mancha, Creative Commons Attribution-ShareAlike License, unverändert

[2] Hier in etymologisch korrekter Schreibweise verwendet. Antezipieren / vorwegnehmen, von lat. *antecapio*: ante = vor(her) und capere = nehmen (nicht: *anti*-zipieren im Sinne von etwas-*entgegen*setzen). Zum wissenschaftstheoretischen Hintergrund vgl. Müller-Friemauth / Kühn 2017, S. 188-204.

Gewahrsam genommen worden. Unternehmen, die Mondschüssen folgen, sind jedoch nicht verrückt, sondern nur von etwas überzeugt. Sie installieren ein exzeptionelles Zukunftsbild, handeln fortan in dieser Orientierung und gestalten dadurch aktiv Zukunft. Einstein, Gandhi und Martin Luther King lebten (für) ihre Mondschüsse. Im ökonomischen Sektor produzierten Albrecht Ludwig Berblinger (der „Schuster von Ulm"), Ferdinand Graf von Zeppelin (bzw. David Schwarz), Woldemar Voigt (Me262), Wernher von Braun (Apollo) oder Steve Jobs Mondschüsse. Aktuell steht Elon Musk für solches Unternehmertum. Für diese Leute bedeutet *„The Quest"* (in Steve Jobs Worten) so viel wie *„eine Delle ins Universum zu schlagen"*.

Kampagnen-Beispiel von Nike, Youtube
„Calling a dream crazy is not an insult. It's a compliment." – „Don't ask if your dreams are crazy. Ask if they're crazy enough."
https://www.youtube.com/watch?v=Fq2CvmgoO7I (Abruf 25.1.2019)

Radikales Innovieren ist erlernbar (wenn auch nicht an europäischen Bildungsinstitutionen). Statt um Realismus geht es dabei um *unternehmerisch kontrollierte* und *systematisierte visionäre Willenskraft*: Kontrolle durch *orientierende Führung* tritt an die Stelle einer plumpen, unterkomplexen und unzeitgemäß gewordenen, weil rein sachlogisch kalibrierten Machbarkeitsorientierung. Allerdings: Ausgerechnet im wirtschaftlichen Bereich – wo Geld und materielle Werte zählen, also ‚harte' Währung – die Realität einer Vision unterzuordnen, ist geistig aufwändig. Es erfordert viel mentale Energie und Kondition. Sie müssen gegen die ökonomische Norm handeln.

ACHTUNG – SIE VERLASSEN DEN
ETABLIERTEN ÖKONOMISCHEN SEKTOR

Dieses Handbuch zeigt auf, woher Sie dafür die Ressourcen beziehen, nämlich aus einer differenzierten Antezipationskontrolle:

- organisatorisch (2.1),
- methodisch (2.2.) und
- führungstechnisch (2.3, 2.4).

Ziel ist es, den Moonshot in seiner Ausrichtung langfristig, unter mitunter widrigen Umständen beizubehalten und durchzusetzen. Was davon zu halten ist – für Sie persönlich wie für die anderen – skizziert Kapitel 4.

Die Methode kann für ganz unterschiedliche Innovationsziele genutzt werden: für Produkte und Dienstleistungen, interne Prozesse (zum Beispiel Geschäftsmodell-Wechsel), aber auch für organisatorischen Wandel und Unternehmensentwicklung. Sie ist für Fach- und Führungskräfte aus dem Innovationsmanagement, dem Marketing, aus Forschungs- und Entwicklungsbereichen sowie für Verantwortliche für kreative Prozessen geeignet. Voraussetzungen sind Führungserfahrung, Vertrautheit mit organisatorischen Innovationsbedingungen und gruppendynamischen Prozessen sowie – Grundbedingung – ein nachhaltiges Interesse an „Anthropotechniken". Daran also, wie man die Art und Weise, wie Menschen denken, empfinden und kommunizieren, steuern kann. Kybernetiker nennen das Human Engineering, Philosophen Sozialtechnologie und Wirtschaftsfachleute Verhaltensökonomik. Genauso wie Zukunftsforschung sind diese Wissenschaften noch jung – und umstritten („darf man das?"). Spätestens seitdem die Welt durch deren Ergebnisse real geprägt und disruptiv verändert wird, sollte dies indes Anlass genug sein, solche Forschung allmählich ernst bzw. ins Visier zu nehmen – und in eigener Regie verantwortungsvoll, das heißt in normativ passendem, *unsere europäischen* Überzeugungen weiterführendem Rahmen praktisch weiterzuentwickeln. „Captains of Moonshots" sind Experten fürs Mentale: Sie führen Organisationen in neue Mindsets.

Für den Erfolg müssen einige Voraussetzungen erfüllt sein. Liegen diese nicht vor, ist von der Anwendung dieser Methode abzuraten: Sie erfordert eine Unternehmenskultur, die **Intrapreneurship** (Unternehmer im Unternehmen sein) ernst nimmt und über großzügige Toleranzspielräume in puncto radikale Ideen verfügt. Standards wie regelmäßige Innovationsworkshops, Trendmonitoring oder Kreativ-Labs reichen dafür nicht aus.

Essenzielle Bedingungen sind:

- ✓ Sie verfügen bereits über eine ausgeprägte etablierte Innovationskultur und entwickeln diese stetig weiter.

- ✓ Ihr Unternehmen ist – extern deutlich wahrnehmbar – stolz auf seine Innovationen.

- ✓ Ihre Mitarbeiter bringen Experimentierfreude und Neugierde auf neue Methoden mit.

- ✓ Der Wille zu radikalen Innovationen ist keine bloße Rhetorik. Die Führung Ihrer Organisation ist bereit, dafür neue Wege zu gehen – einschließlich einer gelebten Fehlerkultur, und hat diese Haltung bereits unter Beweis gestellt.

- ✓ Ihre Organisation interessiert sich für Innovationstechniken und -methoden auch außerhalb Ihrer Branche, Ländergrenzen, Ihres Wirkungsspektrums. Der Blick über den Tellerrand ist für alle normal.

Sind diese Bedingungen erfüllt, verankern Sie Ihr Mond-schuss-Projekt durch vier Schritte – dadurch, dass Sie

1. sich durch eine bestimmte organisatorische Gestaltung auf das Vorhaben *verpflichten* (Implementierung und grundsätzliche Haltung);
2. das Projekt präzise *definieren* (Techniken zur Bestimmung eines Moonshots);
3. es *absichern*; und
4. die langfristige Ausrichtung auf das Vorhaben *steuern.*

Diese Schritte sind *nicht* chronologisch gemeint: Sie hängen eng zusammen, denn bei einem Mondschuss-Projekt werden Sie beispielsweise bereits in der Art, wie Sie Ihr Team zusammenstellen (Schritt 1), weit vorausschauend steuern (Schritt 4). Die vierstufige Verfahrensweise dient daher der Veranschaulichung der Prozesslogik und bedeutet keine Reihenfolge. In der Praxis überschneiden sich die Aspekte zeitlich zumeist.

2. Durchführen

Bestimmen Sie Kreativ- und Moonshot-Unit

Zunächst wählen Sie diejenigen Mitarbeiter aus, die dem Moonshot ans Licht der Welt verhelfen und über einige Monate dafür zusammen arbeiten sollen (Kreativ-Unit). Bis zu zehn Personen sind eine praktikable Größe und bilden eine – auch ohne Dauer-Moderation – kommunikationsfähige Gruppe. Diese wird erfahrungsgemäß jedoch *nicht* Ihre letztendliche Moonshot-Unit bilden: Das Team, das die Idee langfristig begleiten, weiterentwikkeln und realisieren soll, ist meist nicht das gleiche wie die Kreativ-Runde zu Beginn des Projekts. Sobald Ihr Mondschuss durch eine für Sie passende Technik definiert ist (Schritt 2.2), filtern Sie den harten Kern der ‚Überzeugungstäter‘ aus der Gruppe heraus: diejenigen, die Feuer-und-Flamme sind für den Gedanken, der ausgewählt wurde; die bereits Ideen haben, wie das Ganze später aussehen könnte, was sich damit machen ließe etc. Das ist der Bodensatz Ihrer Moonshot-Unit: Sie brauchen eine zu einhundert Prozent ‚schlagfähige Truppe‘ – ein Team, das für den Moonshot brennt. Andere Personen gehören nicht in diesen Bereich.

Sorgen Sie außerdem für einen ausgewogenen Altersdurchschnitt: Ihre Moonshot-Unit wird voraussichtlich über mehrere Jahre bestehen.

Falls Ihr Personaltableau für diese letztendliche Unit zu dünn werden sollte, prüfen Sie folgende Optionen:

- Welche Mitarbeiter, die mit der Erfindung des Moonshots nichts zu tun hatten, ‚konvertieren‘ umgehend, wenn sie davon hören?
- Falls Sie eine Idee entwickelt haben, die Berührungspunkte aufweist zur Unternehmensgeschichte oder zu Überzeugungen der Gründerin, des Gründers: Können Sie entsprechende ‚Wert-Erhalter‘ und Traditionsverpflichtete ‚akquirieren‘?
- Anspruchsvoll, aber möglich: Hat Ihr Moonshot für andere Unternehmen oder Unternehmenspartner eine vergleichbare Durchschlagkraft? Kommunizieren Sie, werben Sie!

Denken Sie an den amerikanischen Moonshot „Besiedelung des Mars", der für Unternehmen der Raumfahrtindustrie, Kommunikationstechnik und Mobilitätsbranche gleichermaßen disruptiv ist, und die deshalb alle entlang dieser Linie innovieren. Für Amerikaner ist es kein Problem, Moonshots gedanklich zu teilen – eine mentale Stärke, die in Sachen Überzeugungsgehalt ungeheure Durchschlagkraft bewirken kann (für Europäer ein Tabu). Auch in Japan hat das ehemalige MITI (Handelsministerium) über Jahrzehnte die „Japan-AG" formell und informell ge‚framed‘, indem es mutige Dekadenziele definierte, den Unternehmen Unterstützung bei der Realisierung anbot und so Praxis und Denkweise von Ministerium und Wirtschaftsführer koordinierte. Im Gegensatz zu klassischen Innovationsstrategien müssen Moonshots keineswegs zwingend geheim bleiben, denn sie sind vage und selbst noch keine Strategie. Die meisten Moonshots können ohnehin nur von *diesem einen* Unternehmen realisiert werden. Jede Organisation muss einen potenziellen Moonshot selbst zu einer strategisch relevanten Option erst qualifizieren. Nur damit wird er überhaupt ,machbar'.

Legen Sie Prozess- und Arbeitsformat fest

Zur Entwicklung eines Moonshots bieten sich weitgehend hierarchiefreie, locker moderierte und hintereinander geschaltete Workshops an: Ein gut planbarer Kommunikationsprozess also, in dem über eine längere Zeit eine Antezipation fixiert werden kann. In jedem Fall ist ein *Dialog*format zwingend – solche Vorstellungen entstehen weder in Gremien oder Arbeitskreisen noch in Delphi-Umfragen oder auf IT-Plattformen im Intranet. Kalkulieren Sie dabei mehrere Monate ein. Womöglich finden Sie zwar schneller eine Idee, auf die sich alle einigen können. Allerdings ist die Wahrscheinlichkeit groß, dass dann bloß einer Erwartung entsprochen und ein Arbeitsauftrag ,erledigt' wird. Ideen, die begeistern, die Menschen tatsächlich berühren und umtreiben, entwickeln sich praktisch immer langsam – indem sie hin- und hergewendet, wieder infrage gestellt, anders formuliert, mit bestehenden Dingen kombiniert oder auf

Fremdes übertragen werden.[3] Moonshot-Ideen brauchen Geduld, sie werden geschliffen und gefeilt, nicht entdeckt oder gefunden – eine frühe Lösung sollte Sie skeptisch machen.

Die Abstände solcher Workshops sind nicht planbar. Mitunter machen Pausen über einige Wochen Sinn, manchmal muss man aber auch am Ball bleiben, damit eine vage Intuition nicht wieder verpufft oder zerredet wird. Im letzten Fall sind Treffen außerhalb der regulären Arbeitszeit geboten – gemäß dem Motto, das Eisen zu schmieden, so lange es heiß ist. Hier wäre Vertagen fatal. Dabei lehrt die Erfahrung: Kommt der Wunsch nach kurzfristigeren Treffen auf und stößt allgemein auf Zustimmung, sind Sie wahrscheinlich auf eine fruchtbare Ader gestoßen. Einen konkreten Zeitplan für die Bestimmung Ihres Moonshots festlegen können (und sollten) Sie daher nicht: Sie würden Ihre Unit damit unter Umständen nur wieder in etablierte Kontroll-Routinen zwingen, die zwar eine Ideenfindung erlauben, aber keinen Moonshot.

In jedem Fall starten Sie Ihr Projekt mit einem Kick off und legen dar, was Sie unter einem Moonshot verstehen: Eine radikale antezipative Idee als Anlass für eine oder mehrere Innovationen, die weit über das heutige Kerngeschäft hinausgehen, aber mit dem Selbstverständnis des Unternehmens eng verbunden sind. Ihr Anspruch:

---

[3] Steve Jobs nannte diesen Prozess „Steine schleifen". Er hatte eine präzise Vorstellung davon, was mit radikalen Ideen in der Organisation passiert und wie dieser Vorgang zu steuern sei. Details in Müller-Friemauth / Kühn 2016, S. 38ff.

Nicht Trends hinterherlaufen, sondern welche setzen.

Und Sie erläutern in diesem Workshop die Methode, einen solchen Moonshot zu identifizieren.

Die methodische Struktur wird im folgenden Schritt 2.2 beschrieben. Die Grafik zeigt einen Überblick über die Phasen von Moonshot-Workshops (nicht die – variable [!] – Anzahl).

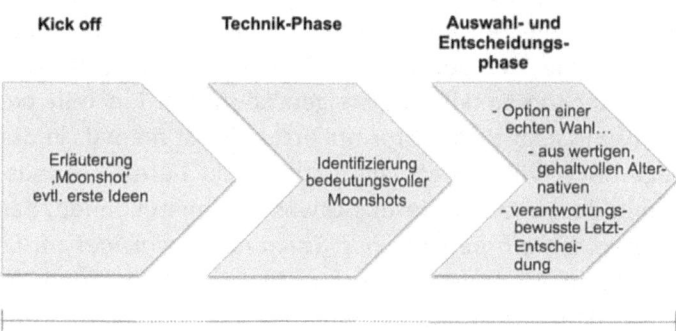

Kick off   **Technik-Phase**   **Auswahl- und Entscheidungsphase**

Erläuterung ‚Moonshot' evtl. erste Ideen

Identifizierung bedeutungsvoller Moonshots

- Option einer echten Wahl...
- aus wertigen, gehaltvollen Alternativen
- verantwortungsbewusste Letzt-Entscheidung

Phasen- bzw. Pausenlängen = individuell und variabel

Mitunter ergeben sich erste vage Ideen für radikale Innovationen aus einer interessanten Gelegenheit oder
Herausforderung. Moonshot-orientierte Unternehmer
besuchen zum Beispiel regelmäßig andere Unternehmen,
unterhalten sich über Visionen ihrer Branche und lassen
sich durch Gedankenaustausch inspirieren. Ohne Impulse
von außen sind Moonshots nicht denkbar. Für einen
Moonshot brauchen Sie ein Zukunftsbild, das Ihnen das
Gefühl gibt, dass Sie damit etwas Wichtiges bewirken
(nicht, dass es für Ihr Unternehmen eine tolle Sache wäre, dass Sie Ihre betriebliche Profitabilität steigern oder
im Branchen-Ranking aufsteigen könnten). Ein rein betriebswirtschaftlich ausformuliertes Ziel ist niemals in der
Lage, Ihre Willenskraft langfristig zu aktivieren. Sie müssen in der Herausforderung etwas erkennen können, das
es wert ist, *ein persönliches Risiko dafür einzugehen*. Es
hat einen besonderen Wert nicht nur für Sie (und Ihr
Unternehmen), sondern – pathetisch formuliert – für
einen Teil der Welt. (Den Krebs zu besiegen, wäre ein
Meilenstein für die menschliche Gattung insgesamt.)[4]

‚Persönliches Risiko' ist hier also nicht in klassischer Hinsicht vereinseitigend monetär gemeint, sondern – im

---

[4] Hier liegt der Grund, warum Sie für Moonshots in Ihrer Organisation zwingend eine weit entwickelte Innovationskultur brauchen. Das Eingehen eines
persönlichen Risikos muss für jeden etwas völlig Normales sein, ansonsten
riskieren Sie keine Idee, sondern Ihren Job. – In Europa ist diese moderne
Form von Intrapreneurship bislang eine Rarität: Intensität und Radikalität von
Innovationen gehören nicht zur betriebswirtschaftlichen Tradition von Unter-
nehmenssteuerung bzw. Controlling.

doppelten Wortsinn – investigativ: Sie investieren zum einen geistig-mental in eine außergewöhnliche Idee, mit der Sie sich in konservativen Kreisen auch blamieren können. Und Sie decken etwas auf, nämlich einen unternehmerischen Urgrund an Engagement, Talent und Tiefenkompetenz, der bislang schlummerte. *Sie* nehmen ihn wahr – und ernst. Radikal innovierende Unternehmer sind von ihrer Sache zutiefst überzeugt: ,Wenn ich das nicht mache, macht es keiner'.[5] (Amerikaner nennen solche Intrapreneure *deep smarts*.)

Mangelt es an Situationen, Moonshots aktiv zu recherchieren, können Sie die Suche in strukturierten Kommunikationsprozessen (etwa im Workshop-Format) auch intern systematisieren; diese Option steht hier im Vordergrund. Sie bestimmen dann einen sogenannten „MTP". Das Kürzel steht für *Massive Transformative Purpose* – einen zentralen Unternehmenszweck, der mit der Unternehmensidentität verknüpft ist und eine „massive Transformation" in einem ökonomischen Segment bedeutet (Disruption). Grundannahme: Die unternehmerische Auseinandersetzung mit wirklich großen gesellschaftlichen Fragen bringt Sinn und Bedeutung in die Arbeit und verschafft einem Unternehmen, das sich dem annimmt, einen exzeptionellen Zweck (und langfristig ein entsprechendes Markt-Gewicht).

MTP's stehen nicht dafür, was heute im äußersten Fall erreichbar ist, sondern was in Zukunft *anders* sein kann – immer gemäß der Kernkompetenz des Betriebs gedacht.

---

[5] *„Wo kämen wir hin, wenn alle sagten, wo kämen wir hin, und niemand ginge, um einmal zu schauen, wohin man käme, wenn man ginge."* Kurt Marti.

Nochmals wiederholt: Das heißt, Sie orientieren sich nicht am gegenwärtig gerade noch Vorstellbaren (Machbarkeit), sondern an fiktiven Optionen (Zukunftsforschung nutzt für diesen Zweck häufig die Szenariotechnik: Sie brauchen andere, die gegenwärtige Realität *übersteigende* Perspektiven). Hier geht es also, bezogen auf das eigene Unternehmen, um das Maximum in Sachen Möglichkeitssinn. Um einen MTP zu entwickeln, gibt es verschiedene methodische Zugänge; hier werden drei zur Wahl beziehungsweise vorgestellt. Die Grundlage dafür ist jedoch, dass Sie zunächst das eigene Anspruchsniveau für Ihren Moonshot festlegen: Wie radikal hätten Sie's gern? Damit fangen Sie an.

Klären Sie Radikalität und Anspruch

Wie radikal soll Ihr Moonshot sein? Zur Überprüfung denken Sie in konzentrischen Kreisen (vgl. die folgende Grafik). Viele Unternehmen haben eine Vorstellung, die ihre bevorzugte Zukunft im innersten Kreis beschreibt – also eine Idee *über sich selbst*. Andere haben Annahmen über eine bessere Zukunft ihrer Zielgruppen; warum es etwa *ihren Kunden* künftig anders und besser gehen wird als heute.

Prinzipiell gilt: Gedankenspiele, die weder (nur) die eigene Organisation noch (nur) die eigenen Kunden umfasst, sondern auf ein *weiteres Umfeld* abzielen, sind um ein Vielfaches inspirierender, begeisternder. Die zentrale Frage lautet: Auf welchem Niveau gewinnt ein Zukunftsbild Ihres Unternehmens die größte Resonanz?

Einen naheliegenden Kurzschluss sollten Sie dabei jedoch vermeiden: Die ‚richtige' Antwort läge grundsätzlich im Prinzip „Je radikaler, desto besser". Radikalität ist relativ. Denn das passende Anspruchsniveau kann auch ein bescheidenes sein – abhängig von Ihrem Betrieb. Etwa für eine Firma, die gerade eine Phase der Instabilität überwunden hat und sich lieber auf die Vorstellung einer ‚resilienten', zukunftsrobusten Organisation konzentriert. Hingegen könnte sich eine Non-Profit-Organisation, die auf Nachhaltigkeit Wert legt, begeistern für eine breite, globale Antezipation einer sauberen Industrie oder Produktionsweise. Bestimmen Sie zunächst das für Sie angemessene Level, *Ihre* Interpretation von Radikalität und damit das Fundament für alle weiteren Schritte. (Um den ‚Inhalt' geht es hier noch nicht.)

Stellen Sie Zukunftsfragen („dream big")

Als Nächstes suchen Sie Ihre ‚Aspiration'. Im Deutschen gibt es dafür bezeichnenderweise kein entsprechendes Wort – eine Mischung aus Verlangen, Sehnsucht und angestrebtem Ziel. Was für ein Zukunftsbild würde Sie wirklich anfeuern? Was wäre Ihnen unternehmerisch möglich? Was könnten Sie sich vorstellen, wird Ihre Firma in dreißig Jahren anbieten? Um auf diesem Weg zu attraktiven Antworten zu gelangen, gibt es verschiedene Möglichkeiten. Immer geht es dabei um Fragenkataloge, die Sie in Workshops diskutieren lassen können. Tasten Sie sich in beliebiger Reihenfolge von Katalog zu Katalog vor – so lange, bis Sie eine kleine Anzahl von Moonshot-Optionen gefunden haben.

a) Ausgangspunkt Wirtschaftsunternehmen

Das Ziel ist hier, Ihre Stärken mit Ihrem Nutzenversprechen zu verbinden und beides in großem (!) Maßstab einzusetzen. So erreichen Sie, dass viele Mitarbeiter auf die gleiche unternehmerische Art denken – wie Eigentümer, nicht wie Angestellte. Ein solches System zu ersinnen braucht jedoch Zeit. Die meisten Unternehmen kennen Ihre Kennzahlen genau, sind aber nicht unbedingt auch in der Lage, ihre Identität zu ‚expandieren' – genau das tun Sie hier. Vgl. Tab. S. 30.

b) Ausgangspunkt Kultur

Hier geht es darum, die Ansätze für einen Moonshot, die in Ihrem Unternehmen womöglich kulturell bereits vorhanden sind, herauszufinden, zu maximieren und zu einer radikalen Idee zusammenzuschnüren. Zukunftsbilder, die sich hieraus ergeben, werden eine Quelle der Stärke sein – sie werden überzeugen, *weil sie organisch aus Ihrem Unternehmen erwachsen.* Vgl. Tab. S. 31.

c) Ausgangspunkt Explorieren („Appreciative Inquiry")

Mit dieser mehrphasigen Imaginationstechnik, die sich in einem Workshop anwenden lässt, erkunden Sie auf wertschätzende Art Ihre Stärken, positiven Eigenschaften, Erfolge und vorhandenen Potenziale und lassen Probleme beiseite. Im Zentrum stehen Erfolgsgeschichten einer Abteilung oder des Unternehmens. Sie dienen als Basis, um darauf weitere Ideen und antezipierbare Erfolge aufzusetzen.

- Was hat unseren Kunden sehr gut gefallen?
- Was ist unser tollstes Produkt?
- Was macht uns stolz?
- Was war unser schönster Moment in dieser Firma?
- Was beeindruckt uns: was wir schaffen oder wie wir es schaffen?
- Wenn wir unserem besten Freund oder der besten Freundin unser Unternehmen empfehlen wollten: Welches Argument, welche Geschichte, welchen für uns typischen Aspekt, welche Denkungsart oder welchen Erfolg würden wir anführen?
- Gibt es einen authentischen Werte- oder Überzeugungsfokus unserer Firma, der uns wirkungsvoll und konkret wahrnehmbar trägt?

Tab. 1: Ausgangspunkt Wirtschaftsunternehmen, Fokus Kunde und Nutzenversprechen

	Generelle Frage	Detaillierung
Nutzen	Ist uns bewusst, wie wir Wert und Nutzen schaffen?	Wie können wir stärker in die Fähigkeiten investieren, mit denen wir Wert und Nutzen schaffen? Wie können wir sie maximieren, ausdehnen, größer machen?
Fähigkeiten Stärken	Welche ca. 5 Fähigkeiten beschreiben das, was wir besser machen als die Konkurrenz?	Profitieren alle Geschäftsbereiche von diesen Kompetenzen? Sind diese Fähigkeiten systematisch vernetzt? Ist unser Management darauf ausgerichtet, dieses Fähigkeitssystem zu stärken? Sind diese Impulse stetig?
Produkte	Verstehen wir, wie wir unsere Fähigkeiten in neuen oder unerwarteten Feldern einsetzen können?	Passen unsere Produkte / Dienstleistungen zu unseren Fähigkeiten? Bewerten wir neue Produkte auf dieser Basis?
Identität	Könnte jeder Mitarbeiter unsere differenzierenden Fähigkeiten benennen? Stärkt die Führung diese Kompetenzen – für alle sichtbar?	Erzeugen diese Fähigkeiten Zufriedenheit oder Stolz? Haben diese Fähigkeiten im Markt Zukunft? Tragen unsere strategischen Entscheidungen zu unserer Identitätsstärkung bei?
Innovation	Welche Fähigkeiten müssen wir entwickeln?	Wie interagieren neue und alte Fähigkeiten miteinander? Wie schaffen sie Wert, wie sehen sie in Aktion aus und was ist nötig, damit sie funktionieren?

Tab. 2: Ausgangspunkt Unternehmenskultur, Fokus Corporate Identity und unternehmerischer Spirit

Kulturelles Element		Detaillierung
Meinungs-führer	Welche entscheidenden (häufig informellen), akzeptierten Innovations-Anführer gibt es?	Wie können wir deren Verhalten, das wir stärker verankern und für das wir werben wollen, ausdehnen, auch für andere nach-ahmbar machen?
Emotionen	Welche emotionalen Merkmale sind typisch für unser Unternehmen und spiegeln unsere Identität wider? (z.B. Wertschätzung für Sicherheit oder Design, herausragende Rolle des Kunden etwa bei Amazon etc.)	Treten diese Merkmale in mehreren, möglichst allen Bereichen in Erscheinung? Charakterisieren Sie unser Unternehmen oder blitzen sie eher selten auf? Was können wir tun, um sie auf das gesamte Unternehmen auszudehnen?
Verhalten	Welche Arbeitsweisen bringen unser Unterneh-men voran?	Was haben wir bisher getan, was außerordentlich produktive Ergebnisse zeitigte? (z.B. Meetings vermeiden, besondere Kommunikationsrituale o.Ä.)

Explorieren Sie solche Fragen – egal, auf Basis welcher Perspektive oder Technik – im Workshop *zunächst individuell,* das heißt jeder für sich (1). Überlegen Sie, welche Kriterien für eine jeweilige Antwort ausschlaggebend sind. Im nächsten Schritt tauschen Sie in *Zweier-Teams* Ihre Ergebnisse aus (2), testen die Resonanz und justieren Ihre Stories nach. Dann bringen Sie sie in *Sechser-,* besser noch *Achter-Teams* ein (3), erzählen sich Ihre Geschichten gegenseitig und sammeln systematisch (handschriftliches Protokoll, Flipchart o. Ä.), wo Parallelen erkennbar sind. Wo tun sich Schnittmengen auf – in Sachen Emotionen und Leidenschaften, Wertigkeiten, Urteile, Ideen oder Vorschläge? Erst in diesen Arenen beginnen die Teilnehmer zu spüren und zu verstehen, welche unternehmensspezifischen „Lichtungen" sich öffnen, welche Vorgriffe sichtbar werden.[6] Diskutieren Sie:

- Wie können wir das weiterentwickeln?
- Was ist ähnlich und warum?
- Was wäre möglich, wenn...?
- Was für ein Unternehmen könnte daraus entstehen?
- Wenn wir das nach vorne projizieren: Welcher extraordinäre, ideale Zustand liegt eigentlich dahinter und lässt sich bereits erahnen?

---

[6] Achten Sie unbedingt darauf, nicht *ausschließlich* in Gruppen zu diskutieren. Neuere Forschungsergebnisse erhärten die Hypothese, dass individuelle Kreativität in vielen Gruppen ausgebremst wird. *Beide* Formen der Ideengenerierung (individuell und kollektiv) sollten systematisch ermöglicht und aneinander angebunden werden.

In dieser Phase darf gezeichnet und visualisiert werden, kleine Rollenspiele (‚Verkaufsgespräch 2045' o. Ä.) sind erlaubt – jede spielerische Dokumentationsform ist hilfreich.

Im letzten Schritt der Fragenexploration (4) werten Sie Ihre Protokolle aus und diskutieren, was sein *sollte*.

- Wie können wir das nun idealerweise bei uns einsetzen?
- Was davon halten wir für besonders wichtig oder wertvoll und wollen dem unser ganzes Engagement widmen?

Die zeitliche Dauer der einzelnen Phasen sollte zwar moderiert und gesteuert, aber flexibel und bedarfsorientiert gehandhabt werden. Stellen Sie lediglich sicher, dass für die vorletzte und letzte Phase genügend Zeit zur Verfügung steht. Bei allen Zugängen sollte Ihr Workshop mit zwei oder drei potenziellen Mondschuss-Ideen enden.

Beispiel

Ein Unternehmen, das auf Nachhaltigkeit setzt, kann seinen Fokus auf ganz unterschiedliche Felder richten. De facto wird dies jedoch selten praktiziert – im Zentrum stehen nach wie vor klassische Ansätze wie Umweltschutz, Produktionsweise, Arbeitsbedingungen, Materialien, CO_2-Ausstoß. Der konzentrische Kreis hier: eher außen und nur in einem bestimmten Ausschnitt. Dabei gibt es vielfältige Dimensionen dieses Wertes; neben

Ökologie zum Beispiel Ökonomie, Gesellschaft und Mitarbeiter (also *nähere* konzentrische Kreise und *andere* Ausschnitte). In allen diesen Bereichen lassen sich strategisch relevante Moonshot-Fenster definieren, etwa Digitalisierung, Finanzen oder Diversifizierung. So kann man die soziale Komponente im Zusammenhang mit Digitalisierung in den Vordergrund stellen: Wie könnten Sie GPS oder Apps neuartig nutzen? Ist es denkbar, dass Sie von intelligenten (Kleinst-?) Maschinen profitieren, von Avataren, Mixed Reality-Anwendungen, Satellitentechnik, Drohnen oder einer speziellen digitalen Anbindung von Kunden oder Kooperationspartnern? Wie interpretieren Sie den Umgang Ihres Unternehmens mit der digitalen Kunden-Identität: Sind Sie dabei nachhaltig oder gar Vorreiter? Was *ist* bei Ihnen eine nachhaltige digitale Kundenidentität? Könnten Sie Ihr Nachhaltigkeitsgeschäft in der Ihnen typischen Art auf andere Branchen übertragen? Einerseits ist etwa die Kulturindustrie nicht automatisch schon deswegen nachhaltig, weil es um Kultur geht. Andererseits sind Medizin oder Tourismus originär, quasi *per se* nachhaltigkeitsaffine Sektoren; ganz abgesehen von neuartigen Win-Win-Strategien und Kombinationen aus solchen ‚Welten'.

Auf Basis von Überlegungen dieser Art lassen sich Zukunftsszenarien entwerfen, die eine Vielzahl inspirierender Innovationsideen abwerfen, und die weit jenseits der Einheitsbrei-Debatten um „ökologischen Fußabdruck" oder Energiesparen liegen. (Dass viele Unternehmen diesen antezipativen Aufwand scheuen, ist für Sie von Vorteil – Chance und Sprungbrett zu Exzellenz.)

 *Praxis-Tipp*

Ein Denken in Moonshots erfordert ganz grundlegende Umstellungen im Denken, denn Sie fragen hier nicht: „Was sollen wir tun?", sondern: „Was *können* wir tun?". Manager werden ihrer Natur nach bei der zweiten Frage nervös und springen schnell zur ersten. Sie müssen sich hierbei jedoch vorstellen können, dass *jede Möglichkeit,* etwas tatsächlich zu verändern – selbst, wenn sie Ihnen nicht zusagt – eine hervorragende Idee ist. Bei der Entwicklung von Corporate Moonshots sind Sie, wenn Sie erfolgreich sein wollen, darauf angewiesen zu lernen, nicht mehr zu fragen: „Was ist die richtige Antwort?", sondern: „Was sind die für uns richtigen Fragen?".

Dieses Erfordernis des *Entlernens von konventionellem Innovationsdenken* ist eine ernstzunehmende Hürde im Prozess: Unterschätzen Sie sie nicht! Die Erfahrung lehrt: Manager können weitaus besser ihre eigenen Ansichten vertreten als Fragen zu stellen – von der Akzeptanz der Ansichten anderer ganz zu schweigen. Moonshots stehen und fallen jedoch mit genau dieser Fähigkeit. (Ist sie in Ihrem Unternehmen nicht vorhanden, lassen Sie die Finger von Corporate Moonshots: Ihre Ideen werden mit hoher Wahrscheinlichkeit über kurz oder lang von dem, was Manager „Realität" nennen, wieder einkassiert.)

Trennen Sie umgehend die Idee von ihrem Eigentümer

Sie haben inzwischen einen Moonshot im Blick. Nähern Sie sich der abschließenden Entscheidung, geht die Idee in das Eigentum des Unternehmens über. Wie bereits angesprochen: Hier handelt es sich nicht um eine „Erfindung" oder „Entdeckung", bei der dem Erfinder oder Entdecker Ruhm und Ehre gebührt! Zwar können Sie der Person, die den Mondschuss kreiert hat, auf verschiedene Weise Anerkennung zukommen lassen, der Mondschuss selbst jedoch ist fortan ein (gedanklicher) Teil des *Unternehmens*.

Diese Trennung ist von immenser Bedeutung, denn Ihr Mondschuss wird sich mit der Zeit erheblich verändern – genauer: sofort ab der definitiven Festlegung. Das ist nicht nur normal, sondern auch *notwendig*: Sie werden ihn fortlaufend zuspitzen, feinjustieren und weiter abschleifen (Details korrigieren oder ersetzen). Bei diesem kontinuierlichen Feinschliff ist eine Bindung von „Vater" oder „Mutter" an diesen Gedanken kontraproduktiv: Eltern wollen ihre Idee schützen – das gilt es, von vornherein zu unterbinden. Die Bewertung der Qualität des Moonshots ist allein eine *unternehmerische* Entscheidung: Machen Sie das im Zuge Ihrer endgültigen Auswahl, etwa im Entscheidungs-Workshop, ganz klar und begründen Sie es, aber lassen Sie diesen Zusammenhang nicht diskutieren. Diese Trennung ist eine kategorische methodische Regel.

Überschreiten Sie den Rubikon

Mondschüsse basieren auf dem sogenannten „Rubikon-Modell"[7]: Sie müssen als Verantwortlicher beziehungsweise als verantwortliches Kreativ-Team *Ihren* ‚point of no return' überschreiten und die Sache damit besiegeln (wie Cäsar am 11. Januar 49 mit seiner Entscheidung, den Fluss Rubikon zu überschreiten. Mit den Worten „Alea iacta est" – der Würfel ist gefallen – erklärte er den Bürgerkrieg gegen Pompejus). Ist dieser Punkt überschritten, gibt es kein Zurück mehr.

Eine Entscheidung solcher Radikalität verändert den Lauf der Geschichte – und zwar durch den Akt eines bewussten und präzise *geführten (!)* Willens. *Davor* war alles Bisherige (bei Cäsar: die Einnahme von Rom) nur eine Idee; eine Wunschvorstellung, die man innerlich hegen mag. Von diesem Status einer Mondschuss-Idee müssen Sie vor Ihrer Letzt-Entscheidung herunter, denn sie wird nicht lange halten: Bei jedem Problem gerät Ihr Projekt ins Wanken. ‚Bloße' Ideen, die eben auch andere sein könnten („warum habt ihr die ausgewählt, die andere wäre doch viel besser?!") haben eine sehr geringe Überlebenschance. Bedenken Sie: Radikale, anderen als „unrealistisch" erscheinende Ideen treffen anfangs auf wenig Akzeptanz. Wenn Sie Ihren Mondschuss durchbringen wollen, müssen Sie daher von vornherein strategisch vorgehen.

Nach dem Überschreiten des Flusses war Cäsars Idee ein unabänderliches Ziel, auf das alle Energien gebündelt

---

[7] Heckhausen u.a. 1987, Bruch/Ghoshal 2006

wurden. Darum geht es hier: Sie müssen es schaffen, von bloßer *Motivation* wegzukommen und das Gebiet des *Willens* zu betreten: sich und Ihr Team von einer priorisierten *Vision* (an deren Stelle man auch eine andere setzen könnte) zu einer tiefen *Überzeugung* zu führen. Antezipationen sind gerade keine Visionen, sondern – für die jeweilige Gruppe – Gewissheiten, ein Bekenntnis zu etwas. Ihr Mondschuss ist genau das, was Sie realisieren wollen, und nichts anderes. Ein Mondschuss ist in gewissem Sinne alternativlos: Er ist die Idee, an der kein Weg vorbeiführt, weil sie so eingängig, so logisch, aller Mühen wert und begeisternd ist. Man kann ihn gerade *nicht* durch eine andere Idee ersetzen – auch Kritikern gelingt es nicht, ihn zunichte zu machen, und sogar Fakten, die doch scheinbar objektiv gegen ihn sprechen, werden einen Mondschuss nicht entwerten (die Eroberung des Sonnensystems, die Elon Musk vorschwebt, erscheint auf der Basis heutiger Technologie illusorisch). „Realistische" Einwände prallen an Moonshots schlicht ab.

Um diesen exzeptionellen Status Ihrer Mondschuss-Idee zu erreichen, sorgen Sie dafür, dass nach der Entscheidung für Ihren Moonshot die Gruppe nicht mehr zurück kann: Führen Sie Ihr Team zur Überschreitung des Rubikons. Das erreichen Sie durch drei taktische Züge, die im Identifikationsprozess bereits enthalten und darin eingearbeitet sind. Sie sollten Sie jedoch *sich selbst*, und im Entscheidungs-Workshop auch *allen anderen bewusst machen*, sie ausformulieren und damit Verbindlichkeit erzeugen.

1. Geben Sie Ihrem Team eine echte *Wahl*. Ohne freie Wahl gibt es keinen freien Willen. Stellen Sie unbedingt sicher, dass *Sie und Ihr Team* es sind, die sich für diesen Mondschuss entscheiden (und nicht der Status quo im Betrieb, der neue Geschäftsführer, die Kennzahlen, ein Schattenkabinett oder das Wissen um eine bevorstehende Umstrukturierung).

2. Beschäftigen Sie sich im Zuge Ihrer Endauswahl (nochmals) eingehend und detailliert mit Ihren *Alternativen* (die Sie im Zuge der verschiedenen methodischen Zugänge ohnehin erschlossen haben). Sie kennen die konkreten Vor- und Nachteile des Mondschusses Ihrer Wahl, Motive für und gegen ihn sowie die Argumentationen, die kritisch angeführt werden – im Vergleich zu anderen Möglichkeiten. Und haben sich *trotzdem* bewusst für Ihre Option entschieden.

3. Übernehmen Sie die *persönliche Verantwortung* für Ihren Mondschuss und akzeptieren Sie Ihre neue Orientierungsmarke – trotz aller rationalen Vorbehalte (die Sie kennen und bedacht haben). Dieser Aspekt betrifft vor allem Sie als Projekt-Leiter oder -Leiterin, denn Ihre spätere Moonshot-Unit wird wahrscheinlich anders zusammengesetzt sein als Ihre Kreativ-Runde. Nehmen Sie sich für diese Entscheidung Zeit und wägen Sie sie sorgfältig ab. Sobald Sie Ihren persönlichen Rubikon überschritten haben, betreten Sie ein Gebiet, auf dem Sie Ihre Ausrichtung auch gegen Anfeindungen verteidigen müssen, also: Entscheiden Sie achtsam. Nochmals wiederholt: Dabei geht es nicht um die Überzeugung von der Machbarkeit, sondern von *Sinn, Bedeutung* und *Nutzen*. Ihr Mondschuss bringt Menschen in einer be-

stimmten Hinsicht einen entscheidenden Schritt weiter.

◄─ *Beispiel*

Ein Moonshot ist aus *sachlogischer* Perspektive unbegründbar. Begründbar ist er dennoch, nur anders: Mit Aussicht auf den erheblichen Sinngehalt, den er *über die Zeit* wachsen lassen wird (und der lässt sich ökonomisieren). – Präsident John F. Kennedys Rede 1962 zur geplanten Mondlandung (Auszug):

> *„Vor vielen Jahren wurde der große britische Entdecker George Mallory, der später auf dem Mount Everest den Tod finden sollte, gefragt, warum er ihn besteigen wolle. Daraufhin sagte er: ‚Weil er da ist.' Nun, auch der Weltraum ist da, und wir haben vor, ihn zu ‚besteigen' (...)*
>
> *Doch einige sagen: ‚Warum der Mond?' Warum wählen wir ihn als unser Ziel? Und sie könnten genauso gut fragen, warum den höchsten Berg besteigen? Warum wurde vor 35 Jahren der Atlantik überflogen? Warum spielt Rice gegen Texas?*
>
> *Wir haben uns entschlossen, zum Mond zu fliegen. Wir haben uns entschlossen, in diesem Jahrzehnt zum Mond zu fliegen und noch andere Dinge zu unternehmen, nicht weil es leicht ist, sondern weil es schwer ist, weil das Ziel dazu dient, das Beste aus unseren Energien und Fähigkeiten zu organisieren und zu messen, weil die Herausforderung eine ist, der wir uns stellen wollen, die wir nicht verschieben wollen und die wir zu gewinnen beabsichtigen, genau wie*

die anderen auch."[8]

Dass Sie und Ihr Team Ihren Moonshot gefunden haben, merken Sie an drei Indikatoren:

a) Es fällt Ihnen leicht, anzufangen. Sie wissen, was Sie wollen, benötigen keine weiteren Informationen und allen ist das Ziel klar. Es braucht keinerlei Anreize, um in Gang zukommen, es geht sofort los. (Das liegt daran, dass Sie Zweifel bereits reflektiert abgearbeitet haben.) Motivation ist zum Thema der Anderen geworden.

b) Die eigene Wahrnehmung hat sich verändert. Alle Aufmerksamkeit, Energie und Konzentration richtet sich fortan auf den Moonshot – Sie halten ständig (auch unbewusst) Ausschau nach Informationen, die Ihnen helfen können, ihn zu realisieren, und werden auch überraschend häufig fündig. Die Gehirnforschung kann diesen Mechanismus inzwischen erklären: unser Gehirn arbeitet auf solchen Ebenen ‚automatisch'. Umgekehrt blenden Sie gegensätzliche Informationen sofort aus (irrelevant) – und weder Alternativen noch Störungen sind in der Lage, Sie zu bremsen. (Das liegt daran, dass Sie Barrieren vorweggenommen haben und die meisten Störungen bereits kennen.)

---

[8] Quelle: https://www.jfklibrary.org/JFK/Historic-Speeches/Multilingual-Rice-University-Speech/Multilingual-Rice-University-Speech-in-German.aspx, Abruf 4.8.2018

c) Sie reagieren auf stärkere Hindernisse anders, wenn Ihre Willenskraft mobilisiert ist. Insbesondere an diesem Punkt wird der eklatante Unterschied zu Motivation vollständig sichtbar: Bei Negativ-Feedbacks, mangelndem Interesse von oben oder Kollegen-Missbilligung löst sich Motivation auf – Willenskraft erzeugt *entgegengesetzte* Reaktionen. Zumeist führt es dazu, die Anstrengungen zu verdoppeln – Aufgeben ist keine Option. (Das liegt daran, dass Sie persönlich bereits zu viel investiert haben: Sie sind *involviert*.)

Wenn Sie die bisherigen Meilensteine abgeschritten sind, haben Sie beste Voraussetzungen, Ihren Moonshot am Leben erhalten und als Moonshot-Unit auch langfristig bestehen zu können. Dennoch sind einige Führungstechniken hilfreich, um Ihre Kondition zusätzlich abzusichern. Dazu setzen Sie „Anthropotechniken" ein.

Führen Sie von Anfang an die Emotionen Ihrer Moonshot-Unit

Kollektives Selbstmanagement ist Pflicht, wenn Sie Mondschüsse zum Erfolg bringen wollen. Führungskräfte, die zwischen ihren Gedanken und Gefühlen niemals einen Einklang in Bezug auf ihre Ziele hergestellt haben, werden feststellen, dass immer wieder Zweifel hochkommen, und dass das Verfolgen ihrer Ziele sie im Endeffekt erschöpft. Letztendlich kapitulieren sie, wenn die Hindernisse zu groß werden. Wenn Sie jedoch emotional hinter Ihrem Ziel stehen, verfügen Sie über eine fast uneingeschränkte Willenskraft, die Sie gegen Anfeindungen quasi immunisiert: Widerstände perlen ab.

Dieser Status ist voraussetzungsvoll (auch, wenn Sie Ihren Rubikon bewusst überschritten haben), aber machbar: Er erfordert, dass Sie *Emotionsstrategien* einsetzen.

- *Positiv-Strategie:* Katalysieren und nutzen Sie Gefühle, die Ihr Ziel unterstützen. Dabei helfen Vorstellungsbilder und Visualisierungen: Welche Gefühle führen bei mir und meinem Team automatisch zu positiven Reaktionen, womöglich zu weiteren Ideen? Wie werde ich mich fühlen, wenn der Mondschuss sein Ziel erreicht hat? Wie werden wir und unser Unternehmen dastehen, wenn wir Erfolg haben? Etc. Malen Sie sich gemeinsam immer wieder solche Zustände aus.

- *Negativ-Strategie (1):* Setzen Sie sich mit den Gefühlen auseinander, die Sie von Ihrem Ziel ablenken oder es entwerten. Das Wichtigste dabei: Vermeiden oder ignorieren Sie keinesfalls negative Zustände wie Zweifel oder Frustration! Sprechen Sie in Ihrer Unit stattdessen offensiv darüber und finden Sie Bilder oder Fantasien, um diese emotionalen Zustände und Verhaltensweisen unattraktiv zu machen. Das Prinzip ist das Gleiche wie das, was Sie verwenden, um sich zum Beispiel das Rauchen abzugewöhnen: Es jedem erzählen, damit im Falle fehlender Disziplin die Aussicht auf Scham hinreichend abschreckt (hier: im Team Negativzustände ‚normal machen‘, stets kommunizierbar halten, sie aber gleichzeitig konsequent und öffentlich sichtbar hemmen, unwahrscheinlicher machen, ihnen ihre Kraft nehmen – also Strategien ersinnen, die Zweifel klein zu halten). Üben Sie sich in der Entkräftung von Bedenken.
- *Negativ-Strategie (2):* Verwenden Sie Zeit und Mühe darauf, konkrete Bedrohungen Ihres Moonshots zu identifizieren. Das kann eine Disruption sein, ein gefährlicher Wettbewerber oder ein Umsatzeinbruch. Bedrohungen müssen so greifbar sein, dass Sie sie *fühlen* können. Legendär geworden sind die sogenannten „Destroy your business" – AG's des früheren

Leiters von General Electric, Jack Welch. Dieser setzte regelmäßig Teams ein, die die Aufgabe hatten, Wege zu ersinnen, innerhalb weniger Monate das eigene Unternehmen komplett zu zerstören. (Aus deren Ergebnissen entstanden die wichtigsten Innovationen der Firma zu dieser Zeit.) Ein solcher Invest in „Negativ-Strategien" – die nichts anderes sind als kontrastierendes, die Norm außer Kraft setzendes Denken – mag anti-betriebswirtschaftlich klingen, realiter ist er das Gegenteil: Zukunftssicherung. Das Ziel: Sich von Anfang an ein feines Sensorium dafür zu erarbeiten und stetig weiterzuentwickeln, was Ihren Moonshot in Zukunft ernsthaft gefährden könnte.

- *Prävention:* Sorgen Sie vor, sich von Ihrem Vorhaben auch wieder lösen zu können – beispielsweise dann, wenn in Zukunft tatsächlich ein unvorhersehbares Ereignis Ihren Moonshot sinnlos macht. Auch bei einem noch so professionell geführten Projekt kann derlei vorkommen (eine neue Technologie lässt Ihren Moonshot überflüssig werden, Ihr Unternehmen wechselt das Geschäftsfeld o.Ä.). Damit Sie nicht auf Ihrem heiß geliebten und emotional gut gemanagten Moonshot beharren und kreative Gründe finden, ein totes Pferd zu reiten, sollten Sie *von vornherein* Kriterien und Regeln für die Beendigung des Projekts festlegen. Diese Regeln muss sich die Unit frühzeitig selbst geben: denn die kritischen Ereignisse oder Zwischenergebnisse, die eine Beendigung des Projekts nach sich ziehen müssten, können nur Sie wissen und bestimmen. Der zusätzliche Wert dieser

Übung: Sie kennen den Preis Ihres Mondschusses dadurch besser – und halten zwar unnachgiebig, *aber nicht blind* an ihm fest.

- *Humor und Ironie:* Üben Sie, über dem normalen Rest der Welt zu stehen. Distanzieren Sie sich. In stark negativ aufgeladenen Situationen etwa gehen Sie auf Abstand, damit diese an Macht verlieren. Fliegen Sie gedanklich über die Szene, dimmen Sie die Lautstärke, entfernen Sie Farben, nehmen Sie in Zeitlupe wahr. Solche Mentaltechniken sind auf lange Sicht Gold wert – und bei langen Zeiträumen unabdingbar. Insbesondere gilt: Sich über die eigenen Verzagtheiten und Bedenkenträgereien lustig zu machen – vor allem im Team – hilft! Stiften Sie einen Teampreis: Etwa den „Denkzwerg des Monats" (für die bislang dümmste Gegenrede gegen Ihren Moonshot). Auch die Ablehnung durch andere kann gute Dienste dafür leisten, Ihren Stolz zu wecken („jetzt erst recht!"). Fördern Sie Trotz, investieren Sie in ein starkes Gemeinschaftsgefühl. Steve Jobs hat eine zeitlang vor der Zentrale von Apple eine Piratenflagge gehisst (Botschaft: Wir kapern die verschnarchte Computerindustrie!). Auch einen zentralen Gegner aufzubauen, „die alte Welt" stürzen zu wollen (Revoluzzer-Attitüde) oder eine eigene neue Welt zu entwerfen sind nützliche Instrumente.

Investieren Sie in jedem Team-Meeting ein festgelegtes Zeitbudget für Ihr Emotions-Management: Es stellt Ihre stärkste Waffe dar gegen Zweifel jeder Art und bildet quasi das Immunsystem der Unit. Halten Sie diesen Ball immer am Laufen – nur so bleiben Sie gegenüber Frontalangriffen (die immer wieder kommen werden) konstant gewappnet. Sind Sie in diesen Dingen säumig, wird Sie irgendwann ein Tiefschlag erwischen und Ihr Moonshot läuft Gefahr, aus der Bahn zu geraten.

3. Verbessern

Die beiden größten Risiken für Moonshots sind grundlegende Kritik und Akzeptanzentzug – entweder von ‚oben' oder von ‚innen'.

3.1 Moonshot-Stolpersteine beseitigen

Es gibt Widerstände aus der Führungsebene

* *Fall 1: Führungswechsel.* Dass Verantwortungsträger, die neu ins Unternehmen kommen, mitunter dem sogenannten „Future Shock" unterliegen, ist verständlich und normal: Ein Moonshot-Projekt ist exzeptionell und für manchen im Wortsinne unglaublich. Diese Reaktion hat hauptsächlich zwei Gründe: *Entweder* der Person / den Personen sind Ziel, Zweck und Hintergrund des Projekts nicht hinreichend bekannt – das lässt sich leicht abstellen. Sofern neue Führungskräfte ‚über' Ihnen ins Unternehmen eintreten, sollten Sie umgehend offensiv Ihren Moonshot vorstellen und proaktiv legitimieren. *Oder* die ablehnende Reaktion ist ein Hinweis darauf, dass Ihre Idee zu außergewöhnlich, abnorm oder exzeptionell erscheint („die Moonshot-Unit spielt verrückt"). Auch wenn Sie in Ihrem Prozess alles richtig gemacht haben, kann im Nachhinein das Resultat Angst vor der eigenen Courage auslösen; sogar in der eigenen Unit. Lassen Sie sich dadurch nicht verunsichern: Sofern Ihr Moonshot-Projekt in Sachen Radikalität zu Beginn eine offizielle Freigabe hatte, also aus der Startphase

kein schwerwiegender Legitimationsfehler mitge-
schleift wird, kann der Widerstand eine für den Betrieb produktive Störung bedeuten. Sie signalisiert
Unwohlsein mit allzu viel oder radikalem Neuen – ein
dringend klärungsbedürftiger Strategieaspekt. Nutzen Sie diese Debatte als Katalysator!

- *Fall 2: Strategiewechsel.* Die Führung ändert ihre
Meinung über das Projekt. Möglicherweise sind radikale Innovationen in Ihrer Organisation nun uner-
wünscht. In dieser Situation hilft Ihnen Ihre Maß-
nahme, präventiv Kriterien für eine Beendigung des
Projekts definiert zu haben (vgl. 2.3). Steigen Sie umgehend ab von diesem toten Pferd: In einem System,
das nicht willens ist, zeitlogisch zu operieren (langfristig zu denken, nachhaltig-unternehmerisch zu
planen und strategisch-konsequent zu handeln),
kann es keine Moonshots geben.

Es gibt Widerstände aus der Unit heraus

1. Sollten sich Unit-Mitglieder mit der Zeit von Ihrem
   Moonshot distanzieren, entfernen Sie sie umgehend
   aus Ihrem Projekt.
2. Sobald Ihr Moonshot definiert ist, prüfen Sie sofort
   mögliche konfligierende Interessen. Dies ist eine
   Aufgabe für das gesamte Team, bezüglich aller mög-
   licher Ebenen und Bereiche des Unternehmens.
   Jetzt, wo Sie Thema und Richtung kennen: Sind die
   richtigen und wichtigen Leute ins Projekt eingebun-
   den? Häufig entwickelt sich spätere Kritik aus Rich-
   tungen beziehungsweise wird durch Motive gespeist,

die mit Ihrem Projekt gar nichts zu tun haben – je außergewöhnlicher die Idee, desto wichtiger diese Vorsorge. Bemühen Sie sich intensiv darum, frühzeitig solche Sachverhalte aufzudecken. Falls es als nicht vermeidbar erscheint, dass rund um Ihre Idee Konflikte aufkommen: Sorgen Sie für Detailkenntnisse über Sinn und Zweck Ihres Mondschusses und verweisen Sie Unzufriedenheiten, die damit nichts zu tun haben, an andere bzw. die richtige Stelle. Präzisieren Sie, wo Ihre Verantwortlichkeiten und Ziele liegen und wo nicht. Machen Sie sich klar: Sie haben keinerlei Verpflichtung oder gar Haftung hinsichtlich Projekt-Effekten, die jenseits Ihrer Innovationsabsicht liegen.

4. Bewerten

Die Entwicklung von Corporate Moonshots erfordert eine Art von sozial-organisationaler Tiefenkompetenz, die in Europa zum ökonomischen Skill-Set nicht dazugehört. Im Gegenteil: Die Führung einer Organisation hin zu mentaler Stärke, die Nutzung verhaltensökonomischer Instrumente oder die Implementierung von eigenen, ‚uniquen' firmenspezifischen Mindsets gilt vielen Unternehmern als exaltiert und/oder moralisch anrüchig. Zwar steigen allenthalben Aufmerksamkeit und Anspruchsniveaus in Sachen Innovation. Dass radikales Denken aber auch – *logischerweise* – mit einer Veränderung kognitiver Muster einhergeht, ohne die die jeweils in Geltung stehende Norm nicht überstiegen werden kann, ist hierzulande kaum vermittelbar. Lieber gründet man ein Innovationslabor, investiert in mehr und neue Kreativitätstechniken, hofft auf Künstliche Intelligenz, tritt in die Community der „Systemiker" ein, feiert digitale Kultur oder pilgert ins Silicon Valley. Fertig-Rezepte, (pseudo-) wissenschaftlich gerahmte Mood-Boards für's richtige bzw. milieu-adäquate Denken und neue Technologien stehen ganz oben auf der Beliebtheitsskala.

Die Situation wird dadurch verkompliziert, dass das ökonomische Europa zwar einerseits die pragmatische Tradition der amerikanischen Business School-Denkweise übernommen hat, andererseits gesellschaftlich aber nach ganz anderen Regeln spielt als die USA. Nimmt man noch die Position der Wissenschaft hinzu, wird die Situation vollends komplex – und kurios. Das Beharren auf gewohnten Denktraditionen wird hier durch einen Innovations- und Strategiediskurs flankiert, der fortwährend das Gegenteil von dem einfordert, was er praktiziert: Die herkömmlichen Begriffe werden zwar peu à peu ersetzt durch eine innovationsradikale, disruptive, semantisch hochgetunedte „Next"-Erzählung, die ganz viel Zukunft fordert bzw. verspricht, selbst aber inhaltsleer bleibt. Lässt sich Konkretion gar nicht mehr vermeiden, werden alte Inhalte schlicht durch neue ersetzt – und zwar *im etablierten Mindset*. Das entsprechende Wording wird der interessierten Unternehmensakteurin in Newslettern, auf Kongressen und durch Ratgeberbücher seit Jahren in Dauerschleife regelrecht implantiert. Die Tonlage ist daher bekannt und allgegenwärtig: Prozessiere die herkömmliche Outside-in-Perspektive (Anpassung des Unternehmens an externen Wandel) einmal mehr mit den jeweils brandneuen Trends. Aktuell:

- Eine Welt, die immer volatiler, ungewisser, komplexer und mehrdeutiger wird („VUCA"), sei dazu verdammt, nicht mehr nur mittelfristige, sondern nunmehr auch mutige, langfristige Zielbilder zu ersinnen. – Unternehmensleitbilder heißen fortan „Purpose". Die Devise solcher Unternehmenszwecke entspricht dem Lebens-Credo von Oliver Kahn: „Weiter, weiter, immer weiter". Was sich dabei ändert, ist freilich nur der (höhere) Anspruch, nicht aber der Urteilsrahmen.
- Die steigende Zukunftsunsicherheit sei im Innovationsmanagement zu berücksichtigen. Prozesse müssten schlanker, iterativer und experimen-

teller werden („Agilität"). – Man nehme dazu neue moderne Technologien (Social Media, Apps, Cloud-Plattformen etc.) und setze einen Chief Digital Officer ein, der für Impulse sorgt. Digital Leadership sei zu implementieren („Führung 4.0") und ein detailliertes Verständnis von KI-Anwendungen sei erforderlich. Technisiere, aktualisiere die Labels im Personalbereich und stärke die IT'ler. Das entsprechende Handlungsprogramm heißt Digitalisierung und prägt die Fachmedien- und Weiterbildungsszene.

- Unternehmen müssten größeren Wert auf Wachstumsmöglichkeiten und Skalierung legen. Sie sollen „exponenziell" werden. – Diesem Zweck dienen die neuesten Zutaten für sogenannte „Geschäftsmodelle", die jeweiligen Ertragsmodi der Firmen. Heute gehe es dabei nicht mehr um Zielgruppen, Partner, Kanäle oder Kompetenzen, sondern um soziokulturell feingliedrige Segmentierungen bis auf Individualebene, um Kollaboration und Netzwerke, um Open Source und Chat Bots sowie Dashboards für individuelles Lernen *anyway anyhow anywhere*. Etc.

Ohne Frage: All das ist nicht hinderlich, um eine moderne Firma zu werden. Mit radikalem Innovieren hat es jedoch nichts zu tun – aus einem einfachen Grund: Radikalität bemisst sich hier an Technologie, Geschwindigkeit und Präzision, also am Mindset der BWL. Nicht an gesellschaftlicher *Relevanz*: Also an Veränderungen dessen, was Gesellschaften heute für wichtig und bedeutsam halten; und das ist inzwischen Anderes als noch vor 30 Jahren. Betriebswirtschaftlich ist dieser veränderte Blickwinkel jedoch kaum integrierbar, das heißt in einer tempogetriebenen globalen Ökonomie noch kaum realisierbar. Denn wenn das soziale System immer gleich bleibt bzw. konzeptionell keine Rolle spielt (traditionelle und heute falsche Basisannahme der ökomischen Wissenschaften), gilt ewig weiter: Aktualisiere deine Komponenten bei Strafe deines Untergangs. Das ist alles.[9]

Das Problem dabei: Die inzwischen bekannten „Endzeit"-Visionen von Silicon Valley-Unternehmen sind sämtlich *soziale* Moonshots. Um sie zu verstehen, muss man aus dem BWL-Tunnel raus. Sie strahlen eine andere, für ihre Verfechter bedeutsame, unermesslich komfortable, großartige und aller Mühen wert erscheinende: *relevante* globale Zukunftsgesellschaft an, in der Bedürfnisse befriedigt werden, bevor sie (bewusst) real sind.[10] Die Monopole auf diese Technologien entstehen in den USA und China, und die Unternehmen dort innovieren linear auf solche Szenarien hin.

Innerhalb des *etablierten* europäischen Ökonomie-Leitbildes hingegen geht es um Wirtschaft, nicht um Ge-

---

[9] Echtes radikal-ökonomisches Denken à la Muhammad Yunus (vgl. das Beispiel S. 58f, das in seinem Fall autologische Denkmuster in ökonomische Programme einführt, also kapitalistische Muster auf sich selbst anwendet), ist im Leitbild der etablierten Ökonomie nicht abbildbar: paradox und pathologisch. Solches ist *keine Wissenschaft*. Hierzulande beispielsweise eine Unternehmensgründung auf einen Moonshot aufzubauen, ist nichts weiter als eine schlechte Idee.

[10] Prominentes, geleaktes Beispiel von Google: The Selfish Ledger, https://www.youtube.com/watch?time_continue=1&v=QDVVo14A_fo Abruf 1.2.19. Die meisten Betrachter können damit nichts anfangen: Themen, Werte und Glaubenssätze sind Europäern fremd.

sellschaft.[11] Der gesellschaftliche Rahmen einer Wirtschaft spielt hier keine Rolle, ist egal, kann unterschiedlich sein; das europäische Ökonomie-Leitbild wurde im Verlauf der letzten 50 Jahre sozial-normativ nahezu vollständig entkernt. Demokratie beispielsweise ist für eine kapitalistische Wirtschaft eine feine Sache, aber kein Muss. Übersetzt: Innerhalb der wissenschaftlich-systematisch immer weiter ausgebauten, zunehmend in informationstechnologischer Dauer-Präzisierung begriffenen mentalen Alternativlosigkeit eines ökonomischen Denkens aus dem 19. Jahrhundert, das bis heute paradigmatisch ist („Business Schools"), sind die Komponenten dieses Leitbildes frei austauschbar, ohne dass es zu einem Konflikt mit den neuen disruptiven Zielvorstellungen aus Übersee käme; und sogar ohne, *dass überhaupt auffiele*, dass in anderen Teilen der Welt längst nicht mehr mit *betriebs*wirtschaftlichen Stellhebeln gearbeitet wird (Effektivität, Effizienz, Optimierung, Technologisierung, Beschleunigung), sondern mit *sozial*wirtschaftlichen: an einer anderen Welt. An diesen Orten geht es bereits seit Jahrzehnten um eine völlig neuartige Form transformativer Humanwirtschaft, um Sozialtechnologie und, in ihren radikalisierten Varianten, um post- oder transhumanistische Anthropotechniken.[12] Und das Gan-

---

[11] Dass daran etwas faul ist, ahnte nicht erst Max Weber; Karl Marx sprach gleich von einer *politischen* Ökonomie. Diese Intuition ist genuin deutsch und konnte logisch nur auf der Grundlage des europäischen Wertekanons entstehen. Man benötigt dafür die Idee der funktionalen Möglichkeit einer *sozialen Bändigung* kapitalistischer Marktwirtschaften: Gemeinwohlorientierung, Sozialstaatsgedanke, Mittelstandsökonomie oder auch Religion.

[12] Auch, dass inzwischen selbst unsere zentralen wissenschaftlichen Kategorien nicht mehr greifen (Human-Ressource-Management digitalisiert und ersetzt Humans durch KI's), fällt nicht auf. Vgl. Müller-Friemauth 2019.

ze, zumindest in den USA, auf freiheitlich-demokratischer Basis. Im Fluchtpunkt einer solchen Gesellschaft nehmen wir (durch Technik) teil am Alltag unserer Haustiere, führen Debatten mit KI's, zahlen und träumen per Implantat und besuchen mit unseren Kindern im Hologramm deren berufliche Zukunft. *Awesome*.

Für Europa ist das alles zu viel. Zu komplex, zu unübersichtlich, nicht passend für die Jahrhunderte alten anspruchsvollen Maßstäbe, mit denen man hier „Gesellschaft" beurteilt und auf die man (zu recht) stolz ist. Innerhalb speziell der ökonomischen Debatte hingegen ist „Gesellschaft" nicht viel mehr als ein Über- und Unter, Neben- oder Miteinander von Menschen; und das Tikitaka um den Vorzug der vertikalen, horizontalen oder lateralen Achse definiert die wirtschaftsorganisationale Verständigung über soziale Ordnung. Die Unterkomplexität bzw. Unzeitgemäßheit dieser Perspektive sehen nur die anderen, Amerikaner und Chinesen etwa[13] – und sind verdutzt. Denn Europa dominierte mit seiner Geisteskraft das 19. Jahrhundert; Amerika das 20., und China wird das 21. zu prägen versuchen. Es könnte passieren, dass Europa in diesem Jahrhundert den geistigen Anschluss an die Welt verliert; das lässt sich in ersten Ansätzen beobachten. Derzeit ist nicht erkennbar, mit welchen Mitteln *wir hier* die neuartigen Strukturen zu bewältigen gedenken. Wie wir unseren Stolz auf die eigene

---

[13] Inzwischen von ganz Mutigen auch in Europa intoniert. Die Chinesen äußern sich höhnisch bis arrogant, Amerikaner mal besorgt, mal aufrührerisch. Die Reaktionen entsprechen praktisch immer dem Klischée: Paralysierte Zuhörer, Schweigen, Fassungslosigkeit, Unglaube. Zur Variante eines Aufrührers vgl. Scott Galloway auf der OMR 2018, digitale Marketingmesse in Hamburg: https://www.youtube.com/watch?v=Qq1VObfYOOc Abruf 1.2.19.

Tradition in *neue* Fragen gießen könnten, um unsere soziale Ordnungsvorstellung – bei allen dauer-veränderlichen Rahmenbedingungen – erhalten und auf der geistigen Höhe der Zeit gemäß unseres Lebensstils auch weiterhin verwirklichen zu können. Derzeit existiert noch nicht einmal das Bedürfnis nach solchen Fragen: Zum einen, weil nicht reflektiert wird, dass wir – wenn wir unseren Traditionsrahmen zeitgemäß aufwerten wollen – anfangen müssten, für unser Weltbild *aktiv einzutreten*.[14] Und zum anderen wollen Ökonomen keine Fragen, sondern Antworten. Hier herrscht die pragmatische Tonlage der Business Schools: Das ehemalige Land der Dichter und Denker ist unternehmerisch mittlerweile komplett amerikanisiert. Zu viel Denken ist schlecht – was wir brauchen ist Praxis-Know-how!

Nahezu der gesamte Zukunftsdiskurs, der in der Ökonomie derzeit geführt wird, läuft aus diesen Gründen „intune" mit den sozialen Moonshots von Außerhalb: Die schöne neue Welt, die extern ausgemalt und durch lauter „Disruptionen" produziert wird, liegt in Europa vollständig im blinden Fleck. **Seien Sie sich bewusst darüber, dass Sie mit der Entwicklung radikaler Langfrist-Innovationen den Pfad der altehrwürdig-unstrittigen ökonomischen Tugend verlassen müssen.** Sie werden dafür Bewunderer gewinnen, mindestens aber genau so viele Gegner; darunter Neider, heimliche Konkurrenten,

---

[14] Das dämmert den Betroffenen erst allmählich und sehr langsam. Denn in den letzten Jahrhunderten blieb dieses Weltbild nicht nur stabil, sondern wir exportierten es sogar extensiv – und die Adressaten übernahmen es, wenn auch nicht immer freiwillig. Die Nachwehen der europäischen Kolonialgeschichte sind bis heute präsent: Europa ruht sich aus auf dem Polster seiner lange vergangenen kulturellen Hegemonie.

von denen Sie noch nichts wussten, und aktive Widersacher. Sie werden wegen der Exzentrik Ihres Denkens und Handelns angegriffen werden – in der Organisation wie persönlich. Das ist anstrengend. Ihr Moonshot muss das wert sein. Die Ursache, dass es bisher praktisch keine europäischen Moonshots gibt, liegt hier: Als Pionier mutieren Sie mit solcher Praxis soziokulturell zum Alien.

4.2 Unternehmenskulturell: Trendaffinität berücksichtigen

Im Gegensatz zu unserer hiesigen Situation verändert sich gerade in einigen Teilen der ökonomischen Welt der Zugang zu Neuem rasant. Für Europäer von Interesse sind vor allem die Inder und Kalifornier: Erstere, weil es mit ihnen eine große Schnittmenge gemeinsam geteilter Werte gibt, und letztere, weil sie ‚aus unserem Stall' kommen, unserer ökonomischen Mentalität zumindest nahestehen. Muhammad Yunus beispielsweise, Friedensnobelpreisträger 2006 und Erfinder der sogenannten Mikrokredite für indische Kleinbauern und Frauen mit Familien-Betrieb, entwickelte die beeindruckende (und für uns extrem kontra-intuitive) Idee, den Kapitalismus dafür zu benutzen, die Verwerfungen des kapitalistischen Systems zu beseitigen: mit Mikro-Krediten die Armut seines Landes zu bekämpfen. Man wende das Herz des Kapitalismus, den Zinseszins-Mechanismus, rekursiv auf das System selbst an und heile dadurch seine unerwünschten Nebenfolgen. (Einem europäischen Kapitalismuskritiker, marxistisch sozialisiert, schwirrt da der Schädel: Für mehr Soziales müsste man doch erst einmal das kapitalistische System abschaffen...?) So gehen Moonshots.

Der militärisch-industrielle Komplex in Kalifornien wiederum arbeitet in Form einer konzertierten Aktion aller Beteiligten (Militär, Luft- und Raumfahrt, Unternehmen) am aktuellen *American Dream*, der ersten bemannten Mars-Mission. Dieser Moonshot ist für uns weniger verwirrend als verstiegen, gleichwohl von europäischer Normalität ebenfalls weit entfernt. Profitieren können wir dabei von den zahlreichen neuen Führungs- und Managementtechniken, die im Zuge dieses Mega-Projekts ersonnen und bereits seit Jahrzehnten praktisch erprobt beziehungsweise weiter professionalisiert werden.[15]

Europa ist in diesen Belangen bisher passiver und distanzierter Beobachter. Dass unser Kontinent aber auch Hoffnungsträger ist, wird vorerst nur extern wahrgenommen: Wir haben die einzigartige Chance, die Idee von Moonshots mit unserem Wirtschafts- und Gesellschaftsverständnis zu verbinden und damit genau dies erfolgreich zu machen. Sinn für Fairness und Gerechtigkeit, Nachhaltigkeits- und Gemeinwohlorientierung oder sozialstaatliche Flankierungen der globalen Ökonomie werden nicht nur in Europa geschätzt, sondern aktuell von zahlreichen Akteuren. Und: Sie werden – interessanterweise gerade aus dem Valley – immer häufiger lautstark eingefordert. Motto: ‚Wenn sich irgendjemand in solchen Dingen auskennt, dann ihr!'

---

[15] Wir haben diese kalifornischen Techniken systematisiert (Müller-Friemauth / Kühn 2016).

Für europäische Unternehmen ist das eine Einladung: ein roter Teppich, den unbedingten Innovationswillen beispielsweise unserer amerikanischen Freunde mit europäischen Haltungen zu verbinden und sich zu diesem Zweck zusammenzutun. Es ist unmittelbar zu Beginn eines Moonshot-Projekts deshalb sinnvoll, sich über die kulturellen Aspirationen der eigenen Organisation Rechenschaft abzulegen. Wollen wir so etwas, können wir es? Und: Wollen *Sie* das?

4.3 Organisationsextern: Das Umfeld abschätzen

Moonshots machen nur Sinn in Ökonomien, die sich gesellschaftlich eingebettet wissen; die sich darüber im Klaren sind, dass sie Rohstoffe, Ressourcen, Menschen und geistige Energie aus ihr entnehmen und sie in anderer Form wieder zurückgeben. Unsere ökologisch desaströse Situation leistet einem Moonshot-Denken also Vorschub. In sich sozial absentierenden Wirtschaftssektoren hingegen haben Moonshots keine Chance. Einer der Pioniere des Internets, Tim O'Reilly, bemerkte kürzlich, er sähe die Finanzmärkte als die erste der Menschheit gegenüber feindselig agierende künstliche Intelligenz[16] – eine aus zukunftsforscherischer Sicht angemessene Wertung. Gemäß der in dieser Branche dominanten Business School-Denkungsart sind Moonshots nur eines: verrückt.

---

[16] t3n digital pioneers No. 52 / 3. Quartal 2018, 14 Jg., S. 90ff.

Bedenken Sie daher den Schub, den Sie mit der Einführung eines unternehmerischen Inside-out-Denkens (externen Wandel aus der Organisation heraus initiieren; hier: durch die Implementierung eines Corporate Moonshots) in jedem Fall erzeugen – entweder gegen Sie oder durch Sie, beziehungsweise mit Ihnen. Genauso, wie es gilt, einen Moonshot organisationsintern zu bewerten, muss er gegenüber und in seinem Umfeld positioniert werden: ‚Wollen die Leute sowas?'

Diese Frage müssen in diesem Fall *Sie* beantworten, *nicht die Marktforschung* – hier liegt die Herausforderung. Ihnen steht keine objektivierend-professionelle Legitimation zur Verfügung. Steve Jobs hat zu diesem Thema in zwei mündlich überlieferten Sätzen das Nötige gesagt. Zahlreiche seiner Interviews geben jedoch genauso offenherzig Auskunft darüber, wie grenzwertig anstrengend und teilweise unlebbar für viele Mitarbeiter von Apple dieser Weg war. Jedenfalls bedeutete für ihn genau solches Innovieren das Herzstück von Unternehmertum.

> *„Hört auf, eure Kunden zu befragen.*
> *Sie wissen nicht, was sie wollen –*
> *ihr müsst es ihnen zeigen!"*

Literatur

die Moonshot-Denken vorstellt, erforscht und/oder entwickelt

Bossart, Yves (2014): Ohne Heute gäbe es morgen kein Gestern. Philosophische Gedankenspiele, München: Karl Blessing

Bruch, Heike / Ghoshal, Sumantra (2006): Entschlossen führen und handeln. Wie erfolgreiche Manager ihre Willenskraft nutzen und Dinge bewegen, Wiesbaden: Gabler

De Geus, Aries (1998): Jenseits der Ökonomie. Die Verantwortung der Unternehmen, Stuttgart: Klett-Cotta

Diamonds, Jared (2011): Kollaps. Warum Gesellschaften überleben oder untergehen, Frankfurt a. M.: Fischer

Freese, Hans-Ludwig (1995): Abenteuer im Kopf. Philosophische Gedankenexperimente, Weinheim / Berlin: Beltz-Quadriga

Heckhausen, Heinz, / Gollwitzer, Peter M. / Weinert, Franz E. (Hrsg.) (1987): Jenseits des Rubikon: Der Wille in den Humanwissenschaften, Berlin usw.: Springer

Hofstadter, Douglas R. (1994): Metamagicum. Fragen nach der Essenz von Geist und Struktur [1985: Metamagical Themas: Questing for the Essence of Mind and Pattern, New York: Basic Books], Stuttgart: dtv/Klett-Cotta

Kaku, Michio (2014): Die Physik des Bewusstseins. Über die Zukunft des Geistes, Reinbek: Rowohlt

Eckard Minx / Müller-Friemauth, Friederike (2017): Planen ins Ungewisse. Lernkurven aus dem Foresight-Prozess des Kleinwagens Smart, Hamburg: Tredition

Müller-Friemauth, Friederike (2013): No Such Future. Ein Trainingslager für mittelständischen Unternehmerverstand, Offenbach: Gabal

Müller-Friemauth, Friederike (2018): Führen im Futur II – Zukunftsforscherisches Management, in: ManagerSeminare, Zeitschrift für Führung und Personalentwicklung, 3|2018 (Heft 240): 22-29

Müller-Friemauth, Friederike / Kühn, Rainer (2016): Silicon Valley als unternehmerische Inspiration. Zukunft erforschen – Wagnisse eingehen – Organisationen entwickeln, Wiesbaden: Springer Gabler

Müller-Friemauth, Friederike / Kühn, Rainer (2017): Ökonomische Zukunftsforschung. Grundlagen – Konzepte – Perspektiven, Wiesbaden: Springer Gabler

Müller-Friemauth, Friederike / Rainer Kühn (2018): Mondsüchtig. To dream the impossible dream, KM Magazin – Kultur und Management im Dialog 2|2018, 11-16

Müller-Friemauth, Friederike (2019): Human digitalisieren – Mindset für HR 4.0, in: ManagerSeminare, Zeitschrift für Führung und Personalentwicklung, 2|2019 (Heft 251): 28-34

Auch unsere Website www.denkenaufvorrat.de informiert über zukunftsforscherische Aspekte bei radikalen Innovationsvorhaben.

MIX

Papier | Fördert
gute Waldnutzung

FSC® C083411

Zeitfracht Medien GmbH
Ferdinand-Jühlke-Straße 7
99095 Erfurt, Deutschland
produktsicherheit@kolibri360.de